말과 행동

말과 행동

01 | 간에 붙었다 ○○에 붙었다 한다

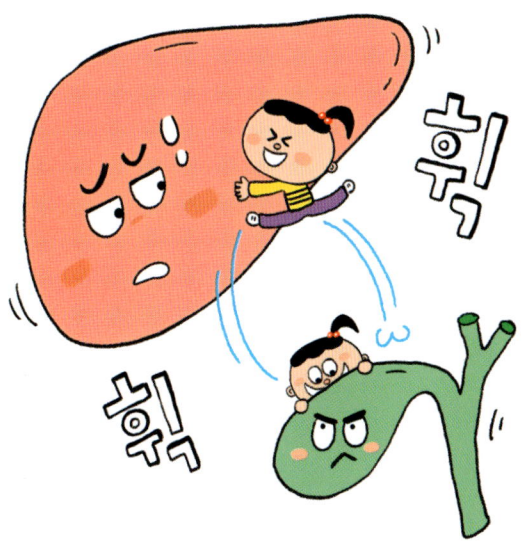

❶ 쓸개   ❷ 방석   ❸ 새싹

힌트 간에 붙어 있고, 주머니 모양으로 생겼어요.

❶ 쓸개

간에 붙었다 쓸개에 붙었다 한다 자기에게 조금이라도 보탬이 되면 규칙이나 믿음을 꿋꿋이 지키는 마음 없이 이편에 붙었다 저편에 붙었다 하는 것을 빗댄 말이에요.

예 박쥐는 자기 이익에 따라 간에 붙었다 쓸개에 붙었다 한대요.

02 | 고기는 씹어야 맛이요, ○은 해야 맛이라

❶ 물　　❷ 말　　❸ 쌀

힌트 우리는 이것으로 인사하고 내 생각도 전해요.

❷ 말

고기는 씹어야 맛이요, 말은 해야 맛이라 고기의 진짜 맛을 알려면 겉만 핥을 것이 아니라 자꾸 씹어야 하듯이, 하고 싶은 말이나 해야 할 말은 시원히 다 해 버려야 좋다는 말이에요.

예 "고기는 씹어야 맛이요, 말은 해야 맛이야. 할 말이 있으면 시원하게 해 봐."

말과 행동

03 | 낮말은 ○가 듣고 밤말은 쥐가 듣는다

❶ 새   ❷ 달   ❸ 비

힌트 대부분 깃털로 덮여 있고 날개로 날 수 있어요. 울음소리를 내는 동물이에요.

❶ 새

낮말은 새가 듣고 밤말은 쥐가 듣는다 '낮말'은 낮에 하는 말이고, '밤말'은 밤에 하는 말이에요. 아무리 비밀스럽게 한 말도 남의 귀에 들어가기 쉬우니 항상 말조심하라는 말이에요.

예 "낮말은 새가 듣고 밤말은 쥐가 듣는대. 세상에 비밀은 없어."

04 | 누워서 ○ 뱉기

말과 행동

❶ 침   ❷ 눈   ❸ 비

힌트 소화를 돕고 입안이 마르지 않게 해요. 맑고 끈적끈적한 액체예요.

❶ 침

누워서 침 뱉기 누워서 침을 뱉으면 그 침이 자기에게 되돌아와요. 남을 해치려고 하다가 도리어 자기가 해를 입게 되는 것을 빗댄 말이에요.

예 가족의 흉을 보는 것은 누워서 침 뱉기이다.

말과 행동

05 | 눈에는 눈, 이에는 ○

❶ 뼈　　❷ 털　　❸ 이

힌트 입안의 아래와 위에 나란히 흰색으로 나며 음식을 으깨고 잘라요.

❸ 이

눈에는 눈, 이에는 이 눈에는 눈으로, 이에는 이로 똑같이 갚는 다는 말이에요. 해를 입은 만큼 갚아 주기 위해 상대편에게 그만큼의 해를 입히려고 하는 것을 빗댄 말이에요.

예 "아야, 너무 아파. 눈에는 눈, 이에는 이니까 나도 있는 힘껏 때릴 거야."

06 | ○로 주고 말로 받는다

❶ 되　　❷ 물　　❸ 돌

힌트 곡식·가루 등의 양을 재는, 네모난 나무 그릇이에요.

❶ 되

되로 주고 말로 받는다 '되'와 '말'은 곡식이나 액체의 양 등을 잴 때 써요. '한 되'의 열 배가 '한 말'이에요. 조금 주고 그 대가로 몇 곱절이나 많이 받는 경우를 빗댄 말이에요.

예 엄마께서 이모에게 포도를 주고 옷을 선물로 받으셨다. 엄마께서 되로 주고 말로 받는다고 하셨다.

07 | 떡 줄 사람은 꿈도 안 꾸는데 ○○○부터 마신다

① 케이크 ② 밀가루 ③ 김칫국

힌트 김치의 국물이에요.

❸ 김칫국

떡 줄 사람은 꿈도 안 꾸는데 김칫국부터 마신다 해 줄 사람은 생각지도 않는데 미리부터 다 된 일로 알고 행동한다는 말이에요.

예 "엄마, 제 생일에 최신형 게임기를 사 주실 거죠? 벌써 설레요."
"떡 줄 사람은 꿈도 안 꾸는데 김칫국부터 마시는구나."
하고 엄마께서 말씀하셨다.

말과 행동

08 | 말 한마디에 천 냥 ○도 갚는다

❶ 빚   ❷ 빛   ❸ 빗

힌트 빌려다 쓴, 갚아야 할 돈이나 재물이에요.

❷ 빚

말 한마디에 천 냥 빚도 갚는다 말을 잘하면 천 냥이나 되는 큰 빚을 말로 갚을 수 있다는 말이에요. 말만 잘하면 어려운 일이나 가능해 보이지 않는 일도 해결할 수 있다는 것을 빗댄 말이에요.

예 말 한마디에 천 냥 빚도 갚는다더니 형이 진심으로 잘못을 빌자 엄마께서 화를 푸셨다.

09 | 말이 ○가 된다

❶ 씨   ❷ 벼   ❸ 뼈

힌트 열매 속에 있는 단단한 부분이에요.

① 씨

말이 씨가 된다 씨를 심으면 싹이 나요. 이처럼 늘 말하던 것이나, 생각 없이 한 말이 실제로 이루어질 수 있으니 말조심하라는 뜻이에요.

예 "나는 행복해.", "나는 꿈을 이룰 거야." 등의 말을 하면 말이 씨가 되어 정말 행복해지고 꿈도 이룰 수 있대요.

10 | 뱁새가 황새를 따라가면 ○○가 찢어진다

말과 행동

❶ 다리　　❷ 허리　　❸ 부리

힌트 동물의 몸통 아래에 붙어서 몸을 받치거나 걷는 일을 하는 부분이에요.

❶ 다리

뱁새가 황새를 따라가면 다리가 찢어진다 다리가 짧은 뱁새가 다리가 긴 황새를 따라가려고 하면 어떻게 될까요? 어려운 일을 억지로 하면 도리어 해만 입는다는 말이에요.

📖 "뱁새가 황새를 따라가면 다리가 찢어진다고, 자기 능력에 맞는 동작을 해야지."

11 | 병 주고 ○ 준다

❶ 말 ❷ 약 ❸ 글

힌트 병이나 상처를 고치거나 예방하기 위하여 먹거나 바르거나 주사하는 거예요.

❷ 약

병 주고 약 준다 남을 해치고 나서 약을 주며 그를 낫게 하는 체한다는 말이에요. 겉으로는 부드러워 보이나 속으로는 나쁜 꾀를 부리는 사람의 행동을 빗댄 말이에요.

예 "방금 나한테 화냈잖아. 그런데 다친 무릎에 약은 왜 발라 주니? 병 주고 약 주니?"

12 | 식은 ○ 먹기

❶ 죽   ❷ 눈   ❸ 해

힌트 곡식에 물을 많이 넣고 오래 끓여 밥보다 물기가 많게 만든 음식이에요.

❶ 죽

식은 죽 먹기 뜨거운 죽을 식혀서 먹으면 더 먹기가 쉽죠? 목에서 부드럽게 넘어가고 소화도 잘돼요. 식은 죽을 먹는 것처럼 하기에 매우 쉬운 일을 이르는 말이에요.

예 자전거 타기는 식은 죽 먹기다.

13 | 웃는 낯에 ○ 뱉으랴

❶ 침   ❷ 풀   ❸ 책

힌트 맛있는 음식을 보면 입안에 이것이 고여요.

❶ 침

웃는 낯에 침 뱉으랴 찡그러진 얼굴로 대하는 사람보다 웃는 얼굴로 대하는 사람에게 침을 뱉기가 어렵겠죠? 좋게 대하는 사람에게 나쁘게 대할 수 없다는 말이에요.

예 화가 났지만, 누나가 활짝 웃고 있어서 참았다. '웃는 낯에 침 뱉으랴'라는 말이 떠올랐다.

14 | 윗물이 맑아야 ○○○이 맑다

❶ 흙탕물   ❷ 구정물   ❸ 아랫물

힌트 아래쪽에서 흐르는 물이에요.

❸ 아랫물

윗물이 맑아야 아랫물이 맑다 윗물이 흐리면 아랫물이 흐리고, 윗물이 맑으면 아랫물이 맑아요. 윗사람이 먼저 바르게 행동해야 아랫사람도 본받아 잘한다는 말이에요.

예 "형인 네가 잘해야 동생이 보고 배우지. 윗물이 맑아야 아랫물이 맑단다."

15 | 참새가 ○○○을 그냥 지나치랴

❶ 고깃집　　❷ 한복집　　❸ 방앗간

힌트 방아를 놓고 곡식을 찧거나 빻는 가게예요.

❸ 방앗간

참새가 방앗간을 그냥 지나치랴 자기가 좋아하는 곳을 그대로 지나치지 못하거나, 욕심 많은 사람이 자기에게 보탬이 되는 것을 보면 가만있지 못하는 것을 빗댄 말이에요.

예) 떡볶이를 사 먹으러 가니 분식집에 친구들이 많이 있었다. 참새가 방앗간을 그냥 지나치랴.

16 | ○○○도 제 말 하면 온다

❶ 호랑이   ❷ 오뚝이   ❸ 눈사람

힌트 누런 바탕에 검은 줄무늬가 세로로 나 있는 사나운 큰 짐승이에요.

❶ 호랑이

호랑이도 제 말 하면 온다 깊은 산에 있는 호랑이조차도 자신에 대하여 이야기하면 찾아온다는 뜻이에요. 어느 곳에서나 그 자리에 없다고 남을 흉보아서는 안 된다는 말이에요.

📖 호랑이도 제 말 하면 온다더니 마침 주인공인 영은이가 운동장으로 오고 있었다.

지혜와 어리석음

17 | 공든 ○이 무너지랴

지혜와 어리석음

❶ 탑   ❷ 힘   ❸ 물

힌트 뾰족하게 세운 높은 건축물이에요.

❶ 탑

공든 탑이 무너지랴 공들여 쌓은 탑은 무너질 리 없다는 뜻이에요. 힘을 다하고 정성을 다하여 한 일은 그 결과가 반드시 보람이 있다는 것을 빗댄 말이에요.

> 예 "열심히 공부했으니 시험을 잘 볼 거야. '공든 탑이 무너지랴'라는 속담도 있잖아."

18 | ○○이 서 말이라도 꿰어야 보배

❶ 얼음　　❷ 석탄　　❸ 구슬

힌트 보석이나 유리로 만든 작고 동그란 알이에요.

❸ 구슬

구슬이 서 말이라도 꿰어야 보배 구슬이 많아도 꿰서 목걸이를 만들지 않으면 값어치가 없어요. 아무리 훌륭하고 좋은 것이라도 다듬고 정리하여 쓸모 있게 만들어 놓아야 귀하고 소중해진다는 것을 빗댄 말이에요.

예 구슬이 서 말이라도 꿰어야 보배! 책을 잔뜩 쌓아 두고 읽지 않으면 아무 소용 없단다.

지혜와 어리석음

19 | 길고 짧은 것은 ○○ 보아야 안다

❶ 묶어   ❷ 풀어   ❸ 대어

힌트 둘을 비교해 보는 거예요.

❸ 대어

길고 짧은 것은 대어 보아야 안다 눈으로만 보는 것보다 서로 대어 보는 것이 길고 짧은 것을 정확히 알 수 있어요. 실제로 겨루어 보거나 겪어 보아야 확실히 알 수 있다는 말이에요.

예 "키가 크다고 이기는 건 아니야. 길고 짧은 것은 대어 봐야 알지."

20 | 낫 놓고 ○○ 자도 모른다

❶ 기역　　❷ 디귿　　❸ 미음

힌트 한글의 자음자 중 'ㄱ'의 이름이에요.

지혜와 어리석음

❶ 기역

낫 놓고 기역 자도 모른다 자음자 중 기역 자 모양으로 생긴 낫을 보면서도 기역 자를 모른다는 뜻이에요. 배우지 않은 데다 보고 듣지 못하여 아는 것이 없다는 것을 빗댄 말이에요.

예 우리 할머니께서는 스마트폰은 낫 놓고 기역 자도 모르신다.

21 | 모르면 약이요 아는 게 ○

❶ 금　　❷ 병　　❸ 힘

힌트 건강이 나빠졌을 때 '○이 났다.'라고 써요.

❷ 병

모르면 약이요 아는 게 병 약을 먹으면 병이 나아 마음이 편하고, 병이 나면 아파서 괴로워요. 아무것도 모르면 차라리 마음이 편하여 좋으나, 무엇이나 좀 알고 있으면 걱정거리가 많아 도리어 해롭다는 말이에요.

예 '뭐든지 다 안다고 좋은 게 아니야. 모르면 약이요 아는 게 병일 수도 있어.'

22 | 밑 빠진 ○에 물 붓기

지혜와 어리석음

❶ 강   ❷ 달   ❸ 독

힌트 키가 크고 배가 부른 큰 그릇이에요.

❸ 독

밑 빠진 독에 물 붓기 밑 빠진 독에 아무리 물을 부어도 독을 채울 수 없다는 뜻이에요. 아무리 힘이나 돈을 들여도 보람 없이 쓸모없는 일이 되는 것을 빗댄 말이에요.

예 아무리 열심히 일해도 가난을 벗어나지 못하니 밑 빠진 독에 물 붓기 라는 생각이 든다.

지혜와 어리석음

23 | ○○ 도둑이 소도둑 된다

❶ 바다　　❷ 하늘　　❸ 바늘

힌트 옷 등을 깁거나 지을 때 사용해요. 쇠로 만들고 가늘며 끝이 뾰족해요.

❸ 바늘

바늘 도둑이 소도둑 된다 바늘을 훔치던 사람이 계속 반복하다 보면 결국은 소까지도 훔친다는 뜻이에요. 작은 나쁜 짓도 자꾸 하게 되면 큰 죄를 저지르게 되는 것을 빗댄 말이에요.

> 예 "바늘 도둑이 소도둑 된단다. 이깟 연필 하고 넘어가면 다음엔 더 큰 걸 훔치게 돼."

24 | 발 없는 ○이 천 리 간다

❶ 꿩   ❷ 말   ❸ 닭

>힌트 어떤 생각이나 느낌을 표현하고 전달하려고 사람이 입으로 내는 소리예요.

❷ 말

발 없는 말이 천 리 간다 '천 리'는 한 번에 갈 수 없는 아주 먼 거리예요. 말은 비록 발이 없지만 천 리 밖까지도 순식간에 퍼진다는 뜻으로, 말을 조심해야 하는 것을 빗댄 말이에요.

📖 "발 없는 말이 천 리 가는 거 알지? 형, 상 받은 거 이모랑 삼촌도 다 아셔."

25 | 백 번 듣는 것이 한 번 ○○ 것만 못하다

❶ 보는   ❷ 노는   ❸ 쉬는

힌트 눈으로 물체를 알아차리거나 느끼는 거예요.

❶ 보는

백 번 듣는 것이 한 번 보는 것만 못하다 아무리 설명을 들어도 한 번 보는 것만 못할 때가 많아요. 듣기만 하는 것보다 직접 보는 것이 확실하다는 말이에요.

예 "백 번 듣는 것이 한 번 보는 것만 못해. 설명만 듣지 말고 직접 동물원에 가서 호랑이를 보면 호랑이에 대해 더 잘 알 수 있을 거야."

26 | ○ 살 적 버릇이 여든까지 간다

❶ 세 　　❷ 백 　　❸ 천

힌트 '셋'을 뜻해요.

❶ 세

세 살 적 버릇이 여든까지 간다 어릴 때 몸에 밴 버릇은 늙어 죽을 때까지 고치기 힘들다는 뜻이에요. 어릴 때부터 나쁜 버릇이 들지 않도록 잘 가르쳐야 하는 것을 빗댄 말이에요.

예 세현이가 고집을 부리는 모습을 보신 할머니께서 "세 살 적 버릇이 여든까지 간다더니 아기 때 고집이 여전하구나." 하며 못마땅해하셨다.

27 | 소 잃고 ○○○ 고친다

❶ 사랑방 ❷ 부엌문 ❸ 외양간

힌트 소나 말을 먹이고 기르는 집이에요.

❸ 외양간

소 잃고 외양간 고친다 소를 도둑맞은 다음에서야 빈 외양간의 무너진 데를 고치느라 시끄럽다는 뜻이에요. 일이 이미 잘못된 뒤에는 손을 써도 소용이 없다는 것을 빗댄 말이에요.

> 예 "**소 잃고 외양간 고치지** 말고 미리 시험 공부를 열심히 하는 게 어때?"

28 | ○발에 오줌 누기

❶ 뱀　　❷ 언　　❸ 벌

힌트 추위로 몸의 한 부분이 차가워지고 느낌을 잘 느낄 수 없는 거예요.

❷ 언

언 발에 오줌 누기 언 발을 녹이려고 오줌을 누면 잠깐 괜찮을지 몰라요. 그러나 그 효과가 오래가지 못할 뿐만 아니라 결국에는 상황이 더 나빠지는 것을 빗댄 말이에요.

예 "언 발에 오줌 누듯 돌을 바로 옆에 두면 어떡하니? 아무도 걸려 넘어지지 않게 멀리 치워야지."

29 | 입에 ○ 약이 몸에 좋다

❶ 단   ❷ 흰   ❸ 쓴

힌트 맛이 약이나 씀바귀 등의 맛과 같아요.

❸ 쓴

입에 쓴 약이 몸에 좋다 약은 입에 쓰지만 병을 낫게 하고 우리의 건강을 지켜 줘요. 남이 잘못을 진심으로 타이르거나 잔소리하는 말은 듣기 싫지만 그것을 잘 받아들이면 큰 도움이 된다는 말이에요.

예) 입에 쓴 약이 몸에 좋다더니 누나의 가르침대로 열심히 공부했더니 성적이 쑥쑥 올랐다.

30 | 천 리 길도 ○ 걸음부터

❶ 한   ❷ 천   ❸ 만

힌트 '하나'를 뜻해요.

❶ 한

천 리 길도 한 걸음부터 십 리는 4킬로미터, 천 리는 400킬로미터예요. 이렇게 먼 천 리 길도 한 걸음을 떼지 않으면 아예 갈 수 없어요. 무슨 일이나 그 일의 시작이 중요하다는 말이에요.

예 승완이는 '천 리 길도 한 걸음부터'라는 선생님의 말씀을 듣고 용기 내어 장거리 달리기를 시작했어요.

생활

31 | 가는 날이 ○○이다

❶ 소풍 ❷ 생일 ❸ 장날

힌트 장이 서는 날이에요.

❸ 장날

가는 날이 장날이다 일을 보러 가니 뜻하지 않게 장이 서는 날이라는 뜻이에요. 어떤 일을 하려고 하는데 뜻하지 않은 일을 저절로 당하는 것을 빗댄 말이에요.

예 체험 학습 가는 날 아침에 비가 내려요. 가는 날이 장날이에요.

32 | ○○ 밑이 어둡다

❶ 식탁　　❷ 이불　　❸ 등잔

힌트 기름 그릇에 담긴 여러 겹을 꼰 실이나 헝겊에 불을 붙여 방 안을 밝혀요.

❸ 등잔

등잔 밑이 어둡다 등불을 켜면 그 주위는 밝아지지만 등불 아래는 그림자 때문에 더 어두워요. 어떤 사물에 가까이 있는 사람이 도리어 그 사물에 대하여 알기 어렵다는 말이에요.

📖 "찾았다! 등잔 밑이 어둡다더니 단추가 바로 발밑에 떨어져 있었네."

33 | 목마른 사람이 ○○ 판다

❶ 우산　　**❷ 나무**　　**❸ 우물**

힌트 땅을 깊이 파서 물이 고이게 하여 이용하는 구덩이예요.

❸ 우물

목마른 사람이 우물 판다 목마르지 않은 사람보다 목마른 사람이 먼저 우물을 파서 물을 마시겠죠? 제일 급하고 일이 필요한 사람이 그 일을 서둘러 하게 되어 있다는 말이에요.

예 "목마른 사람이 우물을 파지. 배가 고픈 내가 밥을 차려야겠어."

34 | 사공이 많으면 배가 ○으로 간다

❶ 산　　　❷ 손　　　❸ 입

힌트 평평한 땅보다 높이 솟아 있어 고르지 못한 땅이에요.

❶ 산

사공이 많으면 배가 산으로 간다 배는 물 위를 떠다녀야지 산으로 가도록 만든 것이 아니에요. 책임지고 맡은 사람 없이 여러 사람이 자기주장만 내세우면 일이 제대로 되기 어려운 것을 빗댄 말이에요.

예 "사공이 많으면 배가 산으로 간다더니 여러 사람이 자기주장만 내세우다 마을 대표를 뽑지 못하겠어요."

35 | ○○이 반찬이다

❶ 시장　　❷ 반장　　❸ 회장

힌트 배가 고픈 것을 뜻해요.

❶ 시장

시장이 반찬이다 배가 부를 때에는 아무리 맛있는 음식을 먹어도 맛이 없고 배가 고프면 어떤 음식을 먹든 맛있어요. 배가 고프면 반찬이 없어도 밥이 맛있다는 것을 빗댄 말이에요.

예 아빠께서는 김치 하나로 밥을 맛있게 드시며 말씀하셨다.
"시장이 반찬이지. 밥이 꿀맛이구나!"

36 | 아니 땐 굴뚝에 ○○ 날까

❶ 나무   ❷ 나비   ❸ 연기

힌트 물질이 불에 탈 때 검거나 흐릿한 것이 위쪽으로 올라가요.

❸ 연기

아니 땐 굴뚝에 연기 날까 불을 때지 않으면 굴뚝에서 연기가 나지 않아요. 원인이 없으면 결과가 있을 수 없다는 것을 빗댄 말이에요.

예 "아니 땐 굴뚝에 연기 날까. 분명히 뭔가 있으니까 민건이네가 부자가 되었다는 소문이 난 거야."

37 | ○○는 외나무다리에서 만난다

❶ 언니   ❷ 친구   ❸ 원수

> 힌트 자기나 자기편에게 해를 입히어 분한 마음이 생기게 한 사람이나 물건이에요.

❸ 원수

원수는 외나무다리에서 만난다 꺼리고 싫어하는 상대를 외나무다리에서 만나면 길이 좁아 피하기 어려워요. 꺼리고 싫어하는 상대를 피할 수 없는 곳에서 우연히 만나게 되는 것을 빗댄 말이에요.

예 "원수는 외나무다리에서 만난다더니 둘 다 표정이 왜 그래? 어제 싸운 거 화 풀어."

38 | ○○도 제짝이 있다

❶ 모자　　❷ 수건　　❸ 짚신

힌트 짚을 엮어서 만든 신이에요.

❸ 짚신

짚신도 제짝이 있다 짚으로 만든 신도 오른쪽, 왼쪽으로 만들어져 짝이 있어요. 보잘것없는 사람도 어울리는 제짝이 있다는 것을 빗댄 말이에요.

예 "짚신도 제짝이 있다고 했으니, 마음에 드는 사람이 생길 거야."

사람 됨됨이

39 | ○○○○ 한 마리가 온 웅덩이를 흐려 놓는다

❶ 하루살이 ❷ 불가사리 ❸ 미꾸라지

힌트 가늘고 길게 생기고 매우 미끄러워요. 영양이 많은 물고기예요.

❸ 미꾸라지

미꾸라지 한 마리가 온 웅덩이를 흐려 놓는다 미꾸라지 한 마리가 흙탕물을 일으켜서 웅덩이의 물을 온통 다 흐리게 한다는 뜻이에요. 한 사람의 좋지 않은 행동이 그 무리나 여러 사람에게 나쁜 영향을 미치는 것을 빗댄 말이에요.

예 미꾸라지 한 마리가 온 웅덩이를 흐려 놓는다더니 영은이가 고집을 피우자 온 집안이 시끄러웠다.

40 | 믿는 도끼에 ○○ 찍힌다

❶ 장갑　　❷ 발등　　❸ 조끼

힌트 발의 윗부분이에요.

❷ 발등

믿는 도끼에 발등 찍힌다 늘 사용하던 도끼라도 잘못하면 발등을 찍히고 말아요. 잘될 것이라고 생각했던 일이 실패하거나, 믿었던 사람에게 도리어 해를 입는 것을 빗댄 말이에요.

예 **믿는 도끼에 발등 찍힌다**더니 반려견 누렁이가 내 손을 물었다.

41 | ○ 수레가 요란하다

❶ 빈　　❷ 새　　❸ 흰

힌트 속에 아무것도 없는 거예요.

❶ 빈

빈 수레가 요란하다 아무것도 들지 않은 수레에서 큰 소리가 나듯이 사람도 속에 든 것이 없어 잘 알지 못하는 사람이 아는 체하고 더 떠들어 댄다는 말이에요.

예 요리 솜씨가 없는 아저씨께서 요리하는 법에 대해 아는 체 하시자 사람들은 빈 수레가 요란하다고 했다.

사람 됨됨이

42 | 사람은 죽으면 ○○을 남기고 호랑이는 죽으면 가죽을 남긴다

❶ 행복　　　❷ 기쁨　　　❸ 이름

힌트 다른 것과 가르기 위하여 동물이나 식물에 붙여 이르는 말이에요.

❸ 이름

사람은 죽으면 이름을 남기고 호랑이는 죽으면 가죽을 남긴다 사람은 죽은 다음에 살아 있는 동안에 쌓은 일의 결과로 명예를 남기는 것이 중요한 것을 빗댄 말이에요.

예 할아버지께서는 사람은 죽으면 이름을 남기고 호랑이는 죽으면 가죽을 남긴다고 하시며 존경받는 인생을 살려고 노력하셨다.

43 | 열 길 물속은 알아도 한 길 ○○의 속은 모른다

❶ 사람 ❷ 냇물 ❸ 눈물

힌트 말을 하고 도구를 만들어 쓰며, 사회를 만들어 사는 생물이에요.

❶ 사람

열 길 물속은 알아도 한 길 사람의 속은 모른다 물은 아무리 깊어도 도구를 사용해 그 깊이를 알 수 있어요. 사람의 속마음은 어떤 방법으로도 알기 어렵다는 것을 빗댄 말이에요.

> 예 "열 길 물속은 알아도 한 길 사람의 속은 모르는 거란다. 겉모습만 보고 사람을 판단하면 안 돼."

44 | ○○ 안 개구리

❶ 밀물   ❷ 우물   ❸ 썰물

힌트 옛날에는 이곳에서 물을 긷는 사람을 자주 볼 수 있었는데 요즘은 거의 보이지 않아요.

❷ 우물

우물 안 개구리 우물 안 개구리는 우물 안에서 자기 눈에 보이는 것이 모두인 줄 알고 살아요. 이렇게 넓은 세상을 알지 못하고 저만 잘난 줄 아는 사람을 빗댄 말이에요.

> 예 "우물 안 개구리가 되지 않으려면 다양한 책을 읽어 보렴. 책을 통해 더 넓고 큰 세상을 경험할 수 있단다."

45 | ○○를 원수로 갚는다

❶ 이사　　❷ 공기　　❸ 은혜

힌트 남에게 베푸는 매우 고마운 일이에요.

❸ 은혜

은혜를 원수로 갚는다 고마운 마음으로 은혜에 보답하지 않고 도리어 해를 끼치는 것을 이르는 말이에요.

> 예 떡집 사장님은 장사가 잘되자 값싼 재료를 섞어 떡을 만들어 팔기 시작했다. 그 사실이 알려지자 사람들은 은혜를 원수로 갚는다며 그 떡집에서 떡을 사지 않았다.

46 | ○○ 고추가 더 맵다

❶ 썩은   ❷ 작은   ❸ 검은

힌트 길이·넓이·부피·크기 등이 보통에 미치지 못하는 거예요.

❷ 작은

작은 고추가 더 맵다 작은 고추보다 큰 고추가 더 매울 것 같지만 그렇지 않은 경우도 많아요. 몸집이 작은 사람이 큰 사람보다 재주가 뛰어나고 야무진 것을 빗댄 말이에요.

📖 덩치가 작은 준혁이가 씨름에서 우승하자 사람들은 작은 고추가 더 맵다며 놀라워했다.

사람 됨됨이

47 | ○○○도 밟으면 꿈틀한다

❶ 방바닥　　❷ 운동장　　❸ 지렁이

>힌트 축축한 흙 속에 사는 가늘고 긴 자줏빛의 동물이에요.

❸ 지렁이

지렁이도 밟으면 꿈틀한다 지렁이는 움직임이 작지만 밟으면 몸이 구부러지거나 비틀려요. 아무리 약하고 힘없는 사람이나 순하고 좋은 사람이라도 너무 낮추어 보면 가만있지 않는다는 말이에요.

예 "지렁이도 밟으면 꿈틀한다고 해요. 약하고 순하다고 업신여기지 마세요."

인간관계

48 | ○○는 게 편

❶ 갈치　　❷ 가재　　❸ 문어

힌트 몸이 딱딱한 껍데기로 되어 있고 두 개의 집게발이 있어요. 맑은 골짜기의 돌 밑에서 살아요.

❷ 가재

가재는 게 편 가재와 게는 생김새가 비슷하고 물에 살아요. 모양이나 사는 모습이 서로 비슷하고 관계가 있는 것끼리 서로 잘 어울리고, 편을 들며 감싸 주기 쉬운 것을 빗댄 말이에요.

예 주은이가 짝의 편을 드는 것은 가재는 게 편이기 때문이다.

인간관계

49 | 고래 싸움에 ○○ 등 터진다

❶ 모래　　❷ 파도　　❸ 새우

힌트 수염이 길고 발이 여럿 있으며, 등이 굽어 있어요. 물에 사는 작은 동물이에요.

❸ 새우

고래 싸움에 새우 등 터진다 고래는 아주 크고 새우는 아주 작은 동물이에요. 강한 자들끼리 싸울 때에 아무 상관도 없는 약한 자가 중간에 끼어 피해를 입게 되는 것을 빗댄 말이에요.

📙 앞집과 옆집이 다투는 바람에 우리 집은 괜히 불편하다. 아빠께서는 고래 싸움에 새우 등 터지는 셈이라고 하셨다.

50 | 미운 아이 ○ 하나 더 준다

❶ 떡　　　❷ 달　　　❸ 별

힌트 곡식 가루를 익힌 것을 빚어서 속을 넣거나 고물을 묻힌 음식이에요.

❶ 떡

미운 아이 떡 하나 더 준다 말썽꾸러기 친구에게는 자꾸 잔소리를 하게 되죠? 친구를 퉁명스럽게 대하면 친구와 사이만 나빠져요. 미운 사람일수록 잘해 주고 감정을 쌓지 않아야 한다는 말이에요.

예 "누나! 이 초콜릿은 미운 아이 떡 하나 더 준다는 마음으로 주는 거야. 알지?"

51 | 열 손가락 깨물어 안 아픈 ○○○이 없다

❶ 손가락　　❷ 손바닥　　❸ 털장갑

힌트 손끝의 다섯 가락으로 갈라진 부분이에요.

❶ 손가락

열 손가락 깨물어 안 아픈 손가락이 없다 열 손가락을 깨물어 보면 안 아픈 손가락이 없어요. 이처럼 부모에게는 자식이 아무리 많아도 모두 소중하다는 말이에요.

예 "엄마, 나랑 현수 중에 누가 더 좋아?"
"열 손가락 깨물어 안 아픈 손가락이 없지. 너는 잘 먹어서 좋고, 현수는 잘 웃어서 좋아."

52 | 칼로 ○ 베기

❶ 논 ❷ 물 ❸ 밭

힌트 강·바다·호수에 많이 퍼져 있고 냄새와 빛깔이 없어요.

❷ 물

칼로 물 베기 물은 아무리 잘라도 잘리지 않고 곧 그 모양 그대로 돌아가요. 이처럼 다투었다가도 시간이 조금 지나 곧 사이가 다시 좋아지는 경우를 빗댄 말이에요.

📖 "부부 싸움은 칼로 물 베기라잖아요. 엄마, 너무 속상해하지 마세요."

식물과 자연

53 | 도토리 ○ 재기

❶ 키　　❷ 발　　❸ 손

힌트 사물이나 사람의 높이예요.

❶ 키

도토리 키 재기 키가 비슷비슷한 도토리가 키를 재는 모습을 상상해 봐요. 도토리 키 재기는 비슷비슷한 사람끼리 서로 다투는 거예요. 또는 비슷비슷하여 비교해 볼 필요가 없는 것을 빗댄 말이에요.

예 키가 작은 두 친구가 키를 재고 있었다. 지나가는 아저씨께서 "도토리 키 재기 하는구나." 하고 웃으며 지나가셨다.

식물과 자연

54 | 될성부른 나무는 ○○부터 알아본다

❶ 꼬리　　❷ 부리　　❸ 떡잎

힌트 씨앗에서 처음 싹이 터서 나오는 잎이에요.

❸ 떡잎

될성부른 나무는 떡잎부터 알아본다 씨앗에서 처음 싹이 터서 나오는 잎인 떡잎에 영양분이 충분히 들어 있으면 식물이 잘 자라요. 떡잎처럼 장래에 크게 될 인물은 어릴 때부터 남다르다는 뜻이에요.

예 "화가가 꿈인 아이다워. 될성부른 나무는 떡잎부터 알아본다더니 그림을 정말 잘 그리는구나."

55 | 벼 이삭은 익을수록 고개를 ○○○

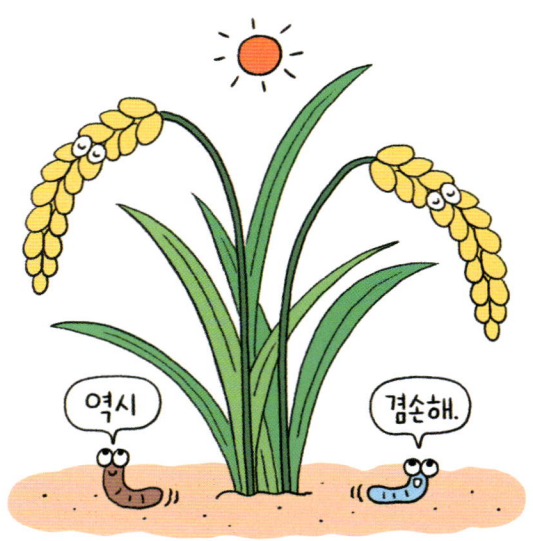

❶ 숙인다 ❷ 흔든다 ❸ 세운다

힌트 앞으로 구부리는 거예요.

❶ 숙인다

벼 이삭은 익을수록 고개를 숙인다 벼 이삭은 익을수록 점점 무거워져서 아래로 쳐지고 구부러져요. 지혜로운 사람일수록 남을 존중하고 자기를 내세우지 않는 태도가 있다는 것을 빗댄 말이에요.

예 "**벼 이삭은 익을수록 고개를 숙인다**더니 연후는 태권도 대회에서 우승하고도 항상 겸손하구나."

56 | 수박 ○ 핥기

❶ 향 ❷ 맛 ❸ 겉

힌트 물체의 바깥 부분이에요.

❸ 겉

수박 겉 핥기 맛있는 수박을 먹는다는 것이 달콤하고 시원한 속은 먹지 않고 딱딱한 겉만 핥고 있다는 뜻이에요. 사물의 속 내용은 모르고 겉만 건드리는 일을 빗댄 말이에요.

예 '수박 겉 핥기' 식으로 책을 읽으면 내용이 잘 생각나지 않는다.

식물과 자연

57 | 십 년이면 ○○도 변한다

❶ 강산　　❷ 이름　　❸ 생일

힌트 강과 산을 뜻해요.

❶ 강산

십 년이면 강산도 변한다 십 년이라는 시간이 흐르면 강과 산이 그대로 있지 않고 변해요. 세월이 흐르게 되면 모든 것이 다 변하게 되는 것을 빗댄 말이에요.

예 별이는 십 년 만에 외가를 찾았다. 십 년이면 강산도 변한다더니 외가는 많이 변해 있었다.

식물과 자연

58 | 쥐구멍에도 ○ 들 날 있다

❶ 산   ❷ 땅   ❸ 볕

힌트 '햇볕'의 줄임 말이에요.

❸ 볕

쥐구멍에도 볕 들 날 있다 어두운 쥐구멍에도 밝은 햇볕이 들듯이 고생 끝에는 좋은 시간이 찾아와요. 아무리 힘들고 어렵게 사는 사람에게도 좋은 날이 온다는 것을 빗댄 말이에요.

📙 예 "쥐구멍에도 볕 들 날 있다는데 언젠가는 너도 백 점 맞을 거야."

식물과 자연

59 | 콩 심은 데 ○ 나고 팥 심은 데 팥 난다

❶ 팥   ❷ 쌀   ❸ 콩

힌트 동그랗고 큰 낟알로, 콩나물·두부·된장 등을 만드는 곡물이에요.

❸ 콩

콩 심은 데 콩 나고 팥 심은 데 팥 난다 콩 심은 데 팥이 나지 않고, 팥 심은 데 콩이 나지 않아요. 모든 일은 원인에 따라서 결과가 생긴다는 뜻이에요.

예 "들이는 엄마 닮아서 예뻐요. 콩 심은 데 콩 나고 팥 심은 데 팥 난다잖아요."

동물

60 | ○○○ 올챙이 적 생각 못 한다

❶ 강아지   ❷ 개구리   ❸ 병아리

힌트 주로 물가 근처의 땅에 사는 동물로, 올챙이를 낳아요.

❷ 개구리

개구리 올챙이 적 생각 못 한다 사는 모습이 전에 비하여 나아진 사람이 지난날의 훌륭하지 않거나 어렵던 때의 일을 생각하지 않고 처음부터 잘난 듯이 뽐내는 것을 빗댄 말이에요.

예 "연호, 홈런 쳤다고 잘난 척하는 거 봐. 개구리 올챙이 적 생각 못 한다더니, 얼마 전까지 헛방망이질만 했는데."

61 | 닭 쫓던 개 ○○ 쳐다본다

❶ 냄새　　❷ 공기　　❸ 지붕

힌트 비·햇볕을 가리고 추위를 막기 위하여 건축물의 위쪽을 덮는 부분이에요.

❸ 지붕

닭 쫓던 개 지붕 쳐다본다 개에게 쫓기던 닭이 지붕으로 올라가자 개가 쫓아 올라가지 못하고 지붕만 쳐다본다는 뜻이에요. 노력하던 일이 실패로 돌아가거나 남보다 뒤떨어져 어찌할 방법이 없는 것을 빗댄 말이에요.

예 나와 함께 한자 급수 자격시험을 본 친구만 시험에 합격했다. 나는 닭 쫓던 개 지붕 쳐다보는 기분이 들었다.

62 | 새 발의 ○

❶ 피　　　❷ 눈　　　❸ 코

힌트 사람이나 동물의 몸속을 돌면서 산소와 영양분을 옮겨요. 붉고 끈적끈적한 액체예요.

❶ 피

새 발의 피 참새나 비둘기의 발을 떠올려 보아요. 매우 작죠? 새의 가느다란 발에서 나오는 피라는 뜻이에요. 아주 중요하지 않은 일이나 아주 적은 양을 빗댄 말이에요.

📖 불우 이웃 돕기에 모인 성금을 보니 우리 가족이 낸 성금은 새 발의 피 였다.

63 | ○ 뒷걸음질 치다 쥐 잡기

❶ 소   ❷ 새   ❸ 벌

힌트 옛날부터 농사를 짓는 집에 도움을 많이 주는 큰 짐승으로 주로 풀을 먹어요.

❶ 소

소 뒷걸음질 치다 쥐 잡기 소가 뒷걸음질 치다가 우연히 쥐를 잡게 되었다는 뜻이에요. 우연히 좋은 결과가 오는 상황을 빗댄 말이에요.

> 예) 서점에 갔다가 우연히 『나의 라임 오렌지 나무』라는 책을 샀다. 소 뒷걸음질 치다 쥐 잡은 셈으로 그 책을 읽고 독후감을 써서 상을 받았다.

64 | ○○에 경 읽기

동물

❶ 쇠귀　　❷ 쇠눈　　❸ 쇠털

힌트 소의 귀예요.

① 쇠귀

쇠귀에 경 읽기 소의 귀에 대고 경을 읽어 봐야 단 한 마디도 알아듣지 못한다는 뜻이에요. 아무리 가르치고 일러 주어도 알아듣지 못하거나 효과가 없는 경우를 이르는 말이에요.

예) 엄마께서는 언니에게 아무리 양말을 바로 벗으라고 해도 뒤집어 벗어 놓는다며 '쇠귀에 경 읽기'라고 하셨다.

자주 쓰는 속담

65 | 내 ○가 석자

❶ 키   ❷ 코   ❸ 귀

힌트 콧구멍에서 흘러나오는 액체예요.

❷ 코

내 코가 석 자 한 자는 한 치의 열 배로 약 30.3센티미터예요. 코가 석 자면 90센티미터가 넘어요. 내 일이 급하고 어려워 남의 일을 돌볼 시간이 없다는 말이에요.

📖 "내일 시험이라 내 코가 석 자인데 어떻게 동생 공부까지 도와요?"

66 | ○○로 바위 치기

❶ 산소 ❷ 공기 ❸ 달걀

힌트 닭이 낳은 알로, 계란이라고도 해요.

❸ 달걀

달걀로 바위 치기 달걀로 바위를 치면 바위는 멀쩡하고 달걀만 깨져요. 아무리 맞서서 반대해도 도저히 이길 수 없는 경우를 빗댄 말이에요.

예 세현이가 용돈을 올려 달라고 부모님께 고집을 피우기 시작했어요. 그러나 아빠께서는 세현이에게 달걀로 바위 치기를 한다고 하셨어요.

67 | ○ 짚고 헤엄치기

❶ 잎   ❷ 땅   ❸ 못

힌트 지구에서, 바다와 같이 물로 된 부분이 아닌, 흙이나 돌로 된 부분이에요.

❷ 땅

땅 짚고 헤엄치기 땅을 짚고 헤엄치는 것처럼 일이 매우 쉬운 것을 빗댄 말이에요.

> 예 "지운아, 옆집 아주머니께 김치를 잘 전하고 왔구나."
> "땅 짚고 헤엄치기예요."
> 하고 동생이 웃으며 말했다.

자주 쓰는 속담

68 | ○○○도 맞들면 낫다

❶ 경기장 ❷ 운동장 ❸ 백지장

힌트 낱장의 흰 종이예요.

❸ 백지장

백지장도 맞들면 낫다 '백지장'은 흰 종이 한 장 한 장, '맞들다'는 마주 든다는 뜻이에요. 아무리 쉬운 일이라도 여럿이 힘을 합해서 하면 혼자 하는 것보다 훨씬 쉽다는 말이에요.

예 "찬승아, 백지장도 맞들면 낫다는데 상자를 같이 들자."

69 | 앓던 ○ 빠진 것 같다

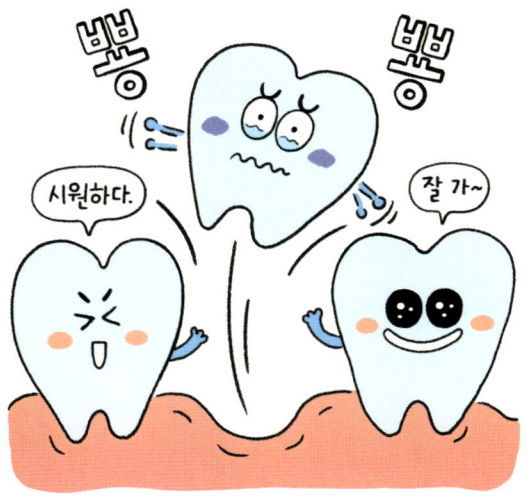

❶ 이   ❷ 콩   ❸ 팥

힌트 양치질을 열심히 해야 이것이 상하지 않아요.

❶ 이

앓던 이 빠진 것 같다 충치 때문에 이가 아팠던 적이 있나요? 앓던 이를 빼면 아픔이 사라져요. 밤낮으로 괴롭히던 것이 없어져 시원한 것을 빗댄 말이에요.

예) 귀가 아파서 큰 병에 걸린 것은 아닌지 며칠 걱정이 되었다. 진료를 받고 나오니 앓던 이 빠진 것 같다.

70 | ○○ 모아 태산

❶ 티끌   ❷ 이슬   ❸ 안개

힌트 티와 먼지를 한데 묶어 이르는 말이에요.

❶ 티끌

티끌 모아 태산 '티끌'은 아주 작은 것, '태산'은 높고 큰 산을 말해요. 아무리 작은 것이라도 모이고 모이면 나중에 큰 덩어리가 되는 것을 빗댄 말이에요.

📘 **티끌 모아 태산**이라더니 저금통을 뜯어 십 원짜리 동전을 세어 보니 천 원이나 되었다.

71 | ○○이 무너져도 솟아날 구멍이 있다

❶ 바람   ❷ 하늘   ❸ 폭풍

힌트 땅 위에 넓게 펼쳐진, 해와 달과 별들이 헤아릴 수 없이 널려 있는 곳이에요.

❷ 하늘

하늘이 무너져도 솟아날 구멍이 있다 하늘이 무너지는 것 같은 어려운 상황이 오더라도 그것을 벗어날 방법이 생긴다는 말이에요.

예 하늘이 무너져도 솟아날 구멍이 있다더니, 하늘에서 갑자기 비가 내리기 시작했다. 덕분에 말라 가던 곡식이 되살아났다.

만화로 재밌게! 글씨는 예쁘게!

만화로 배우는
또박또박 따라쓰기

문해력 쑥쑥

정가 12,500원

▶ **초등 교과서와 연계**된 국어 지식
▶ 직접 쓰면서 익히는 **3단계 구성**
▶ 교과 지식과 **교양 지식을 한 번에!**

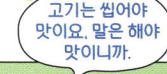

감수
이선희 선생님
EBS 대표 강사
호랑이 샘

이젠교육

일상으로 만나는 수학 이야기
<씽씽레츠고> 대발매!

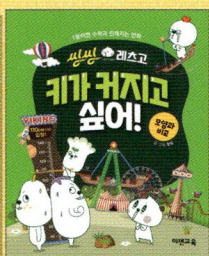

글·그림 한날 | 정가 13,000원

수학이면 멈칫하는 우리 아이들!

수학을 거부감 없이 재밌게 접근할 수 있을까요?
언제 어디서나 쉽게! <씽씽레츠고>와 함께
일상 속 수학 만화의 세계로 씽씽 Let's Go!

재밌는 공부의 시작, 이젠교육